Anne Cristini-Fanlo

L'ÂME DES ÂGES

Le Code de la propriété intellectuelle interdit les copies ou reproductions destinées à une utilisation collective. Toute représentation ou reproduction intégrale ou partielle faite par quelque procédé que ce soit, sans le consentement de l'auteur ou de ses ayants cause, est illicite et constitue une contrefaçon sanctionnée par les articles L.335-2 et suivants du Code de la propriété intellectuelle.

© 2010, Anne Cristini-Fanlo
Edition : Books on Demand, 12/14 rond-point des Champs-Elysées, 75008 Paris
Impression : Books on Demand, 22848 Norderstedt, Allemagne
ISBN : 9782810611287
Dépôt légal : mai 2010

À Mamé et ses poèmes cachés
À tous ceux qui m'ont précédée
Hippolyte, Jules et Papé

*L'esprit est un endroit bien à lui, et de lui-même
Peut faire de l'enfer un paradis, du paradis un enfer.*

John Milton

*Dieu lui-même culmine dans le moment présent,
et jamais il ne sera plus divin, dans toute l'infinité des
temps.*

David Thoreau : *Walden*

PROLOGUE

L'âme lasse

Instants subtils et fugaces de sérénité
Dérobés au trouble têtu et entêtant
D'une vie vague qui se dévide.
Se résigner, blasé, désabusé.
Les monotones recommencements,
Désarmants, m'endorment et me vident.

Dans cette léthargie stérile
Je m'ennuie, je m'immerge fébrile.
Subir son existence sans vie
C'est voguer sans raison avérée,
Longer le lit de la vie, alangui.
Le silence du non-sens s'insinue,
Sonde et sème ses poisons secrets,
Lamine l'âme de ses lames nues.

La main lasse, les doigts gourds
L'inertie me berce et m'étreint.
Renoncer, régresser, rester sourd
A l'influx créateur et serein.

Quitter ce quotidien opaque
Ses remous, ses récifs, ses ressacs,
Et se mêler avec humilité
Aux mythes de l'humanité.

Saisir le suc des récits des ancêtres
Se ressourcer, s'inspirer de leur être.
Ci-gît la sagesse des âges.
Je rajeunis ; régénéré, je réagis.
Là où germe la majesté des mages,
La gerbe gemmée de la Genèse jaillit.

HYMNES BACHIQUES

Les Dionysies

Bacchus déambule, c'est le soir
De la fête du stupre et du nectar.
Les noces de l'ivresse et de l'hybris
Sont célébrées dans l'extase et le vin.

Les Satyres brandissent la thyrse
Couronnée d'une pomme de pin.
Les Bacchantes, un pipeau à la main,
Dans les rues, s'égaillent, ivres et nues.

Le faon, la chèvre, le bouc poilu
Suivent le dieu fécond et puissant
Qui dévore, avide, de la chair crue,
Puis égraine la grappe dont le sang
Pourpre, sur le pampre, goutte et sinue.

Le dieu Pan enfourche sa panthère
Au pelage d'ébène souillé de terre.
L'écho de la flûte et du tambourin
Excite la transe frénétique
Déclenche le délire bachique.

Les ménades, un voile sur le sein,
Dévoilent les corbeilles ajourées
De gâteaux et de fruits remplies.
Le long de la mer et des marais
Le dadouque danse dans la nuit.

Le vieux Silène assis sur un tonneau
Pèle une figue, rit sous le lierre,
Boit le breuvage divin du père
Dans une corne de taureau.

Autour des chars chamarrés
Vibrent les sens, sonnent les râles.
Dyonisos déchaîné, sauvage et possédé
Libère lentement sa violence animale.

Eaux de soufre

La Nature encercle nos regards
Etalant son œuvre d'amour et d'art.
Dardant ses rayons pourprés,
Le crépuscule naissant
Mène au Paradis endiablé,
Ténébreux des océans.

Tournoyant au rythme solaire
Eau, use et jette les âmes
Sur les aiguilles des fleurs horaires
Et les pétales de l'horloge des temps.

Eau, vibre sous l'œil des femmes
Et fume, bouscule, étends
La volupté entêtante des plaisirs
Dans ce trouble monde des désirs.

Plaisirs

La houle douce de l'amour
S'enfle, coule et roule
Sous le plafond étoilé et cotonneux
Du portique lambrissé et nuageux.

Les yeux reflètent la soie teintée
Des peaux tendres et cuivrées
Des êtres nus aux bracelets noués
Suant, exhudant la volupté.

C'est l'extase des sens incendiés
Dans les antichambres des transes
Où les corps ondulent et dansent
les figures de la volupté.

La panthère

Ce fauve, fervent, à la force infinie,
Insuffle aux Pharaons la fougue de sa vie.
Ami de la licorne, du dragon l'ennemi,
Son esprit divin inspire les poètes anciens
Son halène suave séduit les aèdes chrétiens.

Le dieu Pan embrasse la panthère
Troublée par son œuvre délétère
Entourée de bacchantes en transe
Exaltée par leurs sauvages danses.

La divine messagère
S'élève, ivre et légère,
Ensorcelée par l'invisible sacré
Unissant dans sa danse sensuelle,
Les dieux aux hommes extasiés,
La poésie au vin d'airelles.

Les chants des astres, musique planétaire,
L'enchanteresse harmonie des sphères,
Ravissent et rythment les rêves
Recentrent l'être à la source, à la sève.
Aussi la sérénité s'installe et instaure
L'apogée apaisée de l'apôtre Apollon
La fièvre fébrile déserte les corps :
Que règne la régence de la raison !

LA GENÈSE

Genèse

Dieu agit et tout coule ;
Le temps s'étire et se détend,
L'espace respire et s'étend,
Les astres du néant se déroulent.

Et l'éclair déchire les cieux,
Et l'onde étouffe les feux ;
L'ange sur les crêtes,
La créature dans les creux,
C'est l'aube des fêtes.

La vie ténue se libère,
En amante de la lumière,
Dénoue l'art de la Nature,
Délivre la valse des vents.
Les sons en repos éclosant
Animent les teintes pures.

Que tonne la parole du Père !
Que monte l'amour de la Mère !
L'enfant, l'œuf, le fruit
Emergent de la nuit.

Feu

Le feu de la vie encerclait
De sa dentelle d'or émaillée
Et de ses fleurs pourprées
Le vieux phoenix fatigué.

Ses étoiles épanouies et diaprées
Tourbillonnent en lanières serrées
Bouillonnent de boules cuivrées
Autour du phoenix fatigué.

Remous, tout n'est que remous
Le vrai feu n'est qu'un globe doux
Et puissant, le feu de Dieu en nous,
Perçu, quand on est loin de tout.

Les cieux

Dieu créateur et terrifiant
Des cieux sans cesse créant
Etre suprême agissant
Des cieux sans trêve naissant.

Boule de feu phénoménale
Qui dans l'immensité s'étale
Et les âmes désincarnées
Rêvent d'y voler.

C'est l'infinité dans le bonheur
Et les âmes dans leur ivresse
Jouent à effleurer
Les cieux de leur caresse.

Soleil neigeux

La neige en une journée génère
Une génoise en julienne légère
Sur les jaunes et jeunes genêts.
Dans ce jardin de Gethsémani
L'averse caresse les statues figées
Du sage Janus et ses nombreux génies.

Les voyageurs de cette Géhenne beige
Gênés par ce nuage de neige,
Rejoignent, fugitifs égarés,
L'église collégiale aux ogives grèges.
Dans ce gîte sacré, de cierges jalonné,
Devant la Vierge agenouillée,
Junon généreuse et juvénile,
Geint et gémit une gitane
Agée, agençant des gentianes
En gerbe, dans une jarre d'argile.

Soudain le soleil surgit de sombres crevasses,
Strie le givre lisse, scinde la glace,
Cingle le sol glissant de ses rais embrasés,
Parsemant la glaise de calices rosés.

Le vent

Le vent vibre, ondoie et dérive. Vent,
Vague violente et veloutée,
Dans les venelles vides et voûtées
De villages vendéens verdoyants.

Voyageur voilé, vengeur au vil venin,
Il virevolte, vandale volubile,
Versatile et ivre, valse et vacille.
Vielle vibrante, il va, vrombit et vise
Le val d'où sa voix s'élève et vocalise.

Vif et véloce, il vire et vocifère
Sous les viaducs aux voussures grises,
Visitant derrière les vitres des verrières
Les vérandas aux volières verrouillées
Où voltigent de vives volées.

Vent, voguant dans des vases étrusques,
Versant dans des vases vétustes,
De vanneurs, des vases vernis,
Variés et veinés de vert-de-gris,
Les vivaces vapeurs du volubilis,
Du vétiver, vertige de volupté,
De la vigne vigoureuse et vendangée.

Il voit dans des églises vieillies,
La veille, aux vêpres, des dévots ravis,
Vénérant chez la Vierge vulnérable
La vertu vigilante au visage de vestale.

Les nuages

Je m'élance dans la plaine bleue
Aux contours déchiquetés et mous ;
Des continents fluctuants et filandreux
Voguent sur l'océan mouvant et fou.

Des fils écrus s'échappent des cimes
Des chaînes montagneuses profondes,
Orageuses, marines et sublimes
Dérivant languissantes en ondes
Longues, en vagues lentes ; valse
O globe lourd et venteux,
La lune rêve d'y vivre un peu.

L'univers s'assombrit, les étoiles en feu
Investissent l'espace où dansent mes yeux.
Allongée dans la lande, libre et légère,
Je sommeille sur le sol moelleux, ce duvet
Laineux où frémit la fine fougère,
Je fuis, ravie, dans les Iles Fortunées.

Pluie

Jupiter épingle la médaille du soleil
Et brandit son bouclier vermeil :
Le ciel pourpre danse dans Ses mains.
Il déverse les eaux nuageuses
Bigarrées de sa cruche d'étain
Sur les cimes laiteuses.

Les cerises couplées, écarlates
Ruissellent ; les terres arides fondent
Entre les casbahs ocres et rondes
Les effluves des dattes éclatent.

Les feuillages affolés tourbillonnent
Dans une danse tribale, végétale
Dans l'émeute du soir, les légers pétales
Planent ; les muguets bagués carillonnent.

Le sable luit et rougeoie
Les volutes des vents tournoient.
Enivrés de leurs jeux sinueux
Les éclairs démêlent de leurs doigts gracieux
La chevelure anthracite des rêves
Embrassant les baldaquins silencieux.

L'arc-en-ciel

L'arc-en-ciel éthéré
Irisant l'azur
Depuis l'âge de pierre
Eclabousse la terre
D'amour, de rosée
Et de gouttes d'or pur.

Il rit et resurgit
Sous les nuées cotonneuses
Il déploie le voile alangui
De ses lianes nuageuses
Il s'étale et dévoile
Son bouquet d'étoiles.

Les brises suspendues au soleil
Boursouflent et soufflent
Les vagues de l'arc-en-ciel,
Silhouette diaprée et mobile,
Croissant de fleurs colorées,
Lune diurne et ensoleillée.

Mosaïque céleste
Ouvrant la porte du Paradis
Elle confie aux anges ravis
Les joies, les détresses
Des âmes libérées
Vouées à l'éternité.

La Terre

La terre, dans son écrin d'étoiles lactées
Déploie son coffret d'ors et de fleurs annelées.
C'est un tableau splendide et mouvant
Où l'infinie douceur de la lune
Irrise les ondes et les dunes.
Las, l'esprit surgit du néant.

La lavande solaire et le lilas
Aux teintes douces et voilées,
Les nénuphars marins et les orchidées
Exhalent leurs effluves délicats.
La houle bleue, ourlée de l'écume des eaux
Reflète les mates rémiges des oiseaux.

Lorsque le cœur est pur et l'âme silencieuse
Le superbe jardin du monde s'offre à soi.
Sa beauté apaise, élève, épanouit
Je m'en nourris, j'agis, je vis
Plus intensément et j'y vois
L'ordre céleste et ses lois.

Eaux

L'eau, larme lumineuse
L'eau, l'onde brumeuse
Dont les ondes vaporeuses
S'étalent dans l'éther
Et luisent tel l'éclair.

Eau, brûle et déploie
Tes flammes de soie
Dans la mer fumeuse incendiée
Par l'astre blond et perlé.
C'est l'heure des ténèbres mouillées.

Le feutre crayonneux des nuages
Ces fumées, voluptueux mirages,
Dansent sur cette croûte hâlée
Dorment dans les algues striées
Parmi les ranelles dorées.

L'île

La mer et la terre luttent
Et la houle orageuse martèle
La dune d'or, et dentelle
Les côtes d'où dépassent les huttes.

Sous le volcan éteint, les palmiers,
Le lagon bleu, la voile blanche
Et les costumes chamarrés ;
C'est le soir : le soleil s'épanche
En feux cramoisis et rasants,
Insufflant la liesse, et les danses
Fleurissent, et les rires s'élancent
Dans la chaleur et les chants.

L'exaltation trouble née du nectar
Messager de la joie sacrée
Embrume les sens, rosit les fards,
S'éveillant des calices pourprés.

Mélodies nocturnes

Dans les vagues de la nuit
Flottent des chants alanguis,
Voyagent des refrains aériens,
Glissent des romances mélodieuses,
Qui suivent les diagonales ombreuses
De silencieuses portées.

Dans ce paradis de croches flûtées
Les notes perlent du nocturne boisé,
Etoiles mélodieuses, arquées et cerclées,
Voix outrées, perlées, rageuses,
Striant les pauses nuageuses
De silencieuses portées.

Nuit

L'hymne couchant du soleil
Calme le monde agité
Et répand sérénité et sommeil
Sur nos désirs exaltés.

Des dauphins insensés nagent
Au milieu d'étoiles bleues
Et un clown ivre et facétieux
Joue et mime les sages.

Une montgolfière bleutée
Survole un lagon sablé
Et tournoie au rythme solaire
Vers la terre de nos Pères.

C'est l'heure où le doigt de Dieu
Se pose sur les cieux
Ses ténèbres apaisent nos fièvres
Et vibrent de nos rêves.

LA NUIT OBSCURE

La nuit obscure

Le changement se fige ; on tâtonne troublé
Dans la morosité, on nage, emmuré.
Enlisés dans des litiges, la chance nous déserte.
Demain, c'était hier. Le futur létal est passé.

Le présent perdure, atone, anéantit
Nos jours ; et un même ennui noie nos nuits.
On piétine sur place sans avenir,
Les issues sont scellées, on refreine son ire.

Impuissant et sans désir,
Savoir se résigner,
Se résigner à subir ;
Savoir patienter,
Patienter et languir,
Différer, laisser venir.

Sortir du malaise, le traverser,
S'opposer à l'obstacle et pénétrer
Dans la nuit obscure, mais étoilée.

La condition humaine

L'homme se trouve à la frange
Du bourreau et de l'ange.
S'il plonge dans la fange,
Il gagne les limbes.
S'il change et fuit, le nimbe
Luit. L'idéal l'aliène
Du réel. Mais l'algie
Annihile l'utopie.
La sagesse l'amène
A subir et admettre
Sa nature imparfaite.
Au creux du jour, éclore et croître.
Le zénith suit la floraison.
Assumer sa croix, attiser l'âtre,
Donner du sens à la saison.

Tristesse

Tu te pares, tu t'empares
Tu séduis, tu soudoies
Tu appâtes, accapares
Dans tes yeux, je me vois.
Je t'évite, tu m'attires
De tes baisers, je vais pâtir.

Le cœur est las, l'horizon s'éteint,
Au-delà des larmes, le sens s'évanouit
Plus d'élan, l'ennui point
Sans avenir, passe l'envie.

Le brillant s'envole, le terne est divin.
La vie entraîne, le passé retient
Retarde, freine. La douleur crie.
Puis le temps efface, les brumes fuient.

Le désert

Il faut passer par le désert
Et y demeurer quelque temps.
Les incidents envahissants
Paraissent alors éphémères.

Il faut ce silence, ce retrait,
Cet oubli de la création en entier,
Ce vide, cette grâce magique
D'une âme envoûtée et unique.

L'esprit de paix, la vie spirituelle
Naissent de l'adoration solitaire
Des forêts, des jardins de la Terre,
Des cosmos, des déserts éternels.

Solitude

Grandir, c'est croître en solitude.
Mûrir, c'est admettre que le temps,
De la perfection silencieux artisan,
Ride nos faces voilées de sillons rudes.

La solitude n'est pas isolement
Elle prodigue aussi ses intuitions
Sur la condition humaine, ses illusions,
Sur la maturité de l'être profond.

La solitude est un havre, un repère
Un ancrage dans les Eaux du Père
Retour à la source sainte de l'âme
A l'enfant, l'homme, la femme.

La solitude est richesse, bonheur infiniment doux
C'est la paix dans la liesse, l'équilibre du Tout.
Et dans la détresse de ce monde fou
C'est la seule déesse que l'Homme loue.

Silence

Quand on trouve Dieu en soi
Onde du silence, douceur de la foi,
Il se dévoile chez les autres
Anonyme reflet des apôtres.

Quand le silence s'installe
Bruissant de promesses, de baisers
Alors on entend Dieu parler
Hors de la vie agitée et brutale.

Ecouter le silence, entendre les réponses
Prier dans la joie, vivre tel un nonce
Attendre dans la paix ancestrale
Que le monde effacé se dévoile.

Le silence mène à des eaux calmes
Au-delà des monts, au cœur de nos âmes.

Solitude et silence

L'âme porte ses plus beaux fruits
Dans la solitude et le silence.
Dans l'ermitage, on est réduit
A son néant, à son essence.

On y rencontre des tentations
Mais aussi des joies éthérées
Une vie de bonheur et de paix
De dessein et d'abandon.

La solitude et le silence
Amènent à la retraite
Où l'âme recueillie quête
La sagesse des sens.

La solitude est peuplée
De parfums, d'essences
Les rêves issus du silence
Sont d'une grande beauté.

Le silence est exquis
La solitude est extase
Le silence saint ravit
La solitude embrase.

Contemplation

Nous nous éveillons dans la contemplation
Devant le regard de Dieu nous subsistons.
Une identité libérée, une telle perfection,
Est pure miséricorde et don.

Contempler, fuir un monde égaré,
Qui nous sépare de notre être
Et nous fige dans un paraître.
Contempler, trouver Dieu éveillé.

Le bonheur, c'est contempler
Etre présent, se concentrer
Actes vides, état de pureté
Seule véritable activité.

L'exorciste

Le feu brûle les lys alignés
Et l'Ombre, arquant ses sourcils
Démoniaques, près des ifs érigés,
Dans sa mélancolique folie,
Fixe le pèlerin interdit.

Cet errant des villes, émacié,
Suit le chemin embrumé
D'un long tunnel de pluie
Bordant l'auguste abbaye.

Il égrène son chagrin
En dévidant son chapelet,
Le fleuve des songes divins
D'un baiser rugueux l'a possédé.

Sous l'arche d'un pont chapeautant
De maigres sépultures oubliées
Un prêtre exorcise en chantant
Dans le reflet des croix mouillées.

UNE VIE SIMPLE

Le temps

Il est temps de songer en promeneur solitaire
A bêcher, défricher doucement la terre
De son passé, de ses étés, de ses hivers.

Il est temps de rêver au lent pas du Temps
Au rythme de la Nature, à ses doux moments
Aux baies pures aux remous miroitants.

Devant un lac sombre et serein
Regarder les ans éteints :
D'ombres et de feux assouvis,
Aux cieux et aux eaux réunis.

Dériver sur les eaux en son être
Face à l'onde, à Dieu, à son reflet,
De rêves ravi, de plaisirs possédé ;
Errer dans la glèbe, sous les hêtres,
Les cèdres pourpres de la contrée,
Aux fruits alourdis de l'automne attardé.

Paysage d'automne

Une demeure de maître au crépi rosé
Parfumée de lierre doux et pâle,
Une guirlande de fleurs sertit son entrée
Des esquisses de roses éclosent dans l'ovale.

Une vaste place s'étale devant le perron ;
Une balustrade ajourée longe le balcon
De la façade, dont les fenêtres fatiguées
Décillent leurs paupières lasses et cernées
De vantaux délavés, par le vent burinés.

Une longue haie de peupliers la borde
Et masque la berge du gave, dont l'eau vive
Bleutée, au grondement monocorde,
Ravit des vies, les ravive et dérive.

Les rayons ocres s'épanouissent et éclaboussent
Les fleurs de lys, les feuilles roussies, de lumière douce
Le vert moiré des prés rosit, fardé
Des doigts diaprés de l'astre harassé.

Au seuil de l'automne, la nature se dénude
Entonnant son chant du cygne. Sa dépouille scintille
Un souffle ensommeillé soulève ses guenilles,
Pillard oeuvrant à des temps austères et rudes.

Le foyer

Le jour, dans la demeure désertée
Le soleil pénètre les voûtes voilées
Ses rayons embrasant de poussière
Les pots baignés de lumière
Sur le guéridon nu, évasé.

C'est le soir, sur le piano diapré
Des chandelles veillent sur le foyer
Dardant leurs rayons neigeux
Sur la Bible et le feu.
Une pomme luit doucement
Dans un pot en étain béant.

Le miroir, de voilages, drapé,
Reflète le vin et le pain entamé.
Telle une Parque sur terre égarée,
Une femme brode et sourit :
Son foyer, ses fils, sont unis.

Bonheur simple

Dans la maison de bois fleurie,
Le pain, le vin, les pommes, le riz,
Reposent sur un banc verni ;
L'huile, le linge bien plié,
Les confitures dans le buffet ;
Des mots doux, des cailloux dorés
S'étalent sur la cheminée.

Un vase plantureux et pastel
Sur son napperon de dentelle,
Dévoile ses fleurs des prés
A nos yeux égayés.

Les enfants dansent dans les champs
Autour du braséro vermeil,
Chantant les parfums entêtants,
Le feu, l'été et ses merveilles.

Dans l'air pur flottent un papillon
Un brin d'herbe, une chanson ;
De la croisée de ma fenêtre,
Je contemple mon paradis :
Ma famille, mes amis, mon abri
Et la terre de mes ancêtres.

Sagesse

Cet homme est riche s'il se satisfait
De ses œuvres, de ses rêves, de sa vie,
Si plaisirs simples et rusticité
Sont pour lui des mots bénis.

Cet homme est sain, s'il sait prier,
Vaquer sagement, dans la paix,
Aux tâches humbles de la terre,
A ses devoirs envers ses pères.

Aimer le beau et la nature
Se plonger dans l'Ecriture
Le voile des ombres et des soucis
Doucement, lentement s'évanouit,

La fête

Les fumées merveilleuses et rieuses
Du cirque pimpant et ses roulottes
Se marient aux profondes notes
De ses mélopées brumeuses.

Dans cet opéra des sens, les ténors
Vibrent, pleurent des gouttes d'or.
Dans les tentes des magiciens
Dans les tarots des cartomanciens
Se dessine un monde étrange
Mi-homme, mi-monstre, mi-ange.

Nul ne sait le terme du spectacle
Le début du voyage, le vol des heures.
Les enfants, fruits de bonheur
Foulent la Terre, mère de miracles.
Devant leurs pirouettes, les Anciens renâclent
A reprendre leur vie de labeur.

Le chemin

La beauté encercle nos pas lents
Tapisse notre âme et doucement
Nous mène vers ce sentier étroit
Où des lys germent des gravats.

Sur ses pavés usés alternaient
Les tâches sombres des ronces bleues
Et les flaques rayonnantes des cieux.

Dans ce monde éphémère de beauté
Brillent les mille dards lumineux
Du soleil, et les fils cotonneux
Et célestes de Sélène assoupie.

C'est ce chemin que Pierre a pris
Car au-delà de ces tonnelles
De grès et ces murailles fleuries
Ruisselle, l'hiver, un arc-en-ciel.

De calme et de lumière baignée
Il est la cime ultime et enchantée
Le royaume des purs, de la paix,
Où se découvre la beauté étrange
Des cieux quand le doigt
Du Roi des mondes se pose
Sur les anges et sur la croix

La vie

La vie est un chemin brumeux
Effeuillé de regrets lancinants
Usé par les épines du temps
Emaillé de plaisirs vaporeux.

Chacun crée son destin :
Vie d'une mélancolique folie
Ou vie de songes divins.
Dieu est-il aigri
Ou bien est-il serein?

La vie est un vaisseau
C'est Venise sur les flots
Ou bien un rustique radeau
Sous l'œil d'un dieu serein
Ou bien d'un dieu éteint ?

De sa grotte veille Dieu
Et l'eau coule de ses yeux
Sur la brume de nos vies.
De sa paix il nous nourrit.

LE DOMAINE DES CIEUX

L'alchimie

Aux rêves se mêle la réalité,
Lorsque les Dieux se mêlent aux humains.
L'étincelle divine descend, éthérée,
Dans la glèbe brune, l'arène des nains.

Si l'être la cultive et l'élève,
Elle s'épanouit et fleurit peu à peu ;
La terre est lumière et son éclat est terreux.
Il est temps maintenant pour la nouvelle Eve,
Le nouvel Adam, doucement, de créer
La pierre philosophale et de relier
La masculin au féminin, de fermer
L'œuf. L'esprit envahit le tout et l'or
De la nature naît de l'athanor.

Le roi et la reine convolent. De l'union
Surgit ainsi un Mercure assagi.
L'instant saisi se fige puis se déplie
Dans l'éternité alanguie des éons.

La synagogue

Dans un coin, le candélabre cuivré
Aux sept branches, cet arbre de vie
Ancestral et consacré, s'élève et luit :
Le sept, signe sémite, signe sacré.

Au Sabbat, les descendants de Salomon
Purifiés par l'eau lustrale, prient, expient
Et lisent la Loi de Moïse : oraison
Sainte, alliance encensée, liturgie
De Yahvé et d'Abraham l'hébreu.
Ce temple protège la Torah,
L'Ashkénaze coiffé de la kippa
Déploie le Décalogue ; le feu
De la foi des prophètes le foudroie
Et habite le rabbin heureux,
L'inspire, unissant la Diaspora.

Alors monte une mélodie fervente
Vers l'océan céleste et divin,
L'ange Raphaël frémit à la fin
Devant cette dévotion ardente.

Le Berbère

Dans le silence blême et glacé
Déambule une ombre au burnous bleuté
Cheminant sur un chameau, navigant
Sur les vagues des dunes dorées,
Valsant dans ses sillons, doucement.

Il s'accroupit dans un creux, accablé,
Enflamme des brindilles brisées.
Dans la crépitante obscurité,
Il étale son tapis frangé,

Prie, puis se prosterne posément.
Assis en tailleur, ascète absent,
Il observe les dards durs et sanglants
Du feu ancestral, pur et nu.
Muet, il médite lentement
Dans la mer de sel, seule statue
De sable : centre isolé, pétrifié,
Dans cette vastitude dépouillée.

Plongé dans la pénombre floue
Le dénuement extrême ramène à la Terre,
A l'essentiel, à l'amour, au redoux.
L'uniformité point, effaçant les repères.

Seul l'être est insolite : le Berbère,
Le vieillard se réveille, revigoré,
Par son dialogue avec Dieu, éclairé.
Affermi, il fléchit le genou,
Dans le calme, courbant le cou
Face à l'astre pâle de la nuit.

Soudain s'estompent les silhouettes tranchées ;
Le vent, le Foehn s'élance, souffle et fuit.
La djellabah se rabat sur ses yeux plissés.
L'homme se colle à la bête alanguie,
Dans cette tornade de grains drus, engloutis,
Submergés par cette bourrasque cinglant
Le Sahel. Survient la pause. Le désert détend
Sa stature sereine, se découpant
Sur les contours d'un monde immobile.
Alors blatère et s'ébroue l'animal fébrile,
Quand l'être, s'abreuvant à l'outre, émerge
Et la barge solaire accoste sur la berge.

Un Lama

L'homme éclairé reste silencieux
Nulle harangue, nul prêche sur Dieu
Il sait que nul ne peut panser
Les plaies du monde écorché.

Il cesse de se mesurer
Aux autres, car il sait :
Nous sommes plus seuls en société
Qu'échoués sur une île isolée.

L'éveillé prône l'humilité
D'accepter de ne pas pouvoir
Tout changer, tout comprendre, tout savoir.
Et tout devient clair et apaisé.

Cet homme sage prend son temps
Car seul l'essentiel est permanent
Les craintes, les plaisirs galvaudés
Sont l'ombre de la réalité.

L'esprit de la nature

L'univers est rude et ses rides strient
Nos espaces éclatés ; et nos vies,
Que les maux griffent, balbutient
Des mots d'amertume et de pluie
 Sur nos lèvres séchées et palies.

Le temps est venu pour le pèlerin
De centrer sa vie sur la paix
Et de trouver calme et sérénité
Dans un sanctuaire boisé et divin.

Là où coule l'onde lumineuse,
Le voile des ombres et des soucis,
Des rêves fanés s'évanouit
Dans la ramure vaporeuse.

Les cimes des arbres s'agitent
Sous la brise de l'Esprit
Cette dentelle céleste abrite
Les ailes des elfes ravis.

Les Météores (1)

Sur les cimes fines, frêles et dorées
S'envolent les silhouettes désincarnées
De ces donjons éternels élevés
En offrande au ciel indifférent, et reliés
A un monde en sommeil par la tresse sacrée.

De sourds murmures flottent
Et filtrent des cellules closes
Dont les lourds barreaux quadrillent
Un ciel captif, où des lueurs brillent
Des étoiles en aiguilles.

Dans ces bâtiments sombres, sonores et tristes
Des ombres floues, grises, glissent
Au long de couloirs éteints et lisses.
Dans cette pénombre tenace, sous une croix,
Un vieillard envoûté et en proie
Au bonheur, sourit vers la lumière
Ignée d'un ange en prières.

(1) monastères grecs orthodoxes, perchés sur des pitons rocheux et autrefois uniquement reliés au monde par une corde.

Les cathédrales

O cathédrale, phare des nations
O mur scellé des lamentations
Dédiés à la paix des âmes
Dont les prières s'élèvent en larmes
Vers la rosace, Moucharabieh de feu
Vers le phare lumineux de Dieu.

O cathédrales, tables de pierre
O murs froids, adoucis par le lierre
Dédiés à la paix des âmes
Dont les prières s'élèvent en lames
Vers la rosace de cristal et de feu
Vers la prunelle de Dieu.

Le cloître

Dans la cour carrée
Se fige la pierre sereine.
Un silence statique se crée,
Un froid solide essaime.
Roche stable du clos
Contre feuilles mouvantes,
Troncs lisses et chauds,
A la verdure foisonnante,
Dans la noble solennité
Des arbres de pierre.
Ici glissent des soutanes plissées
Vers l'abbatiale austère.
Au centre sourd l'eau froissée
D'un bassin précieux d'où surgit,
Vestige d'un monde tari,
Une croix de grès érodée.

Au couvent

Le soir, seule, elle repasse et rapièce
Sous l'ogive à meneaux de la pièce,
Sur la table luit le ventre cuivré
D'un broc d'eau près d'un pain entamé.

C'est sa dernière nuit, dans l'église endormie,
La sœur sait, se recueille et prie ;
Elle laisse derrière elle une vie
De retraite voilée, assagie.
Les feux pourpres des chandelles,
Etoilent sa silhouette voilée et frêle.

Soudain une ombre sort et suit
Le couloir silencieux de l'abbaye ;
Un lourd portail de pierres, au loin, s'est entrouvert
Et l'âme de la soeur s'élève dans l'éther.

Le papillon divin

Les ailes de l'étincelle divine
Vacillent dans ce gala de songes,
Ce léger papillon de strass longe
Les vieilles amphores palatines.

Il plane, tourbillonne, hésite
Et l'agora du monde l'invite
A jouir des abîmes des désirs
Où griffent les dents du plaisir.

Fuis, phare sacré et safran,
O divin messager inconscient
Fuis, fleur de brumes brodée
O bague de lotus scellée.

Fuis ce domaine d'ombres enténébré
Ces murs alourdis de lamentations,
Suis le tunnel, sous la muraille
Jusqu'aux cieux, aux étoiles de paille ;
Et contemple dans cette antichambre
De la neige dorée dans un écrin d'ambre.

L'au-delà

Aux Laudes, au Levant, là-bas,
L'âme lévite et louvoie
Libre et languissante ;
La litanie lancinante
Des Lieds des limonaires
S'élève dans les airs.

L'âme longe le lagon
Lieu lacustre où la liesse,
La licence, déversent
Liqueurs et libations.

Plus loin, dans un logis lambrissé
Aux larges lattes laquées,
Des sœurs laies lavent le linge élimé,
Etalant sur un lopin, des braies lustrées.

Entre les fils de laine lace
La lune des lanières lasses
Et lâches de lumière
Volant vers la lisière.

Ce local au lourd linteau
Les Lares latines, les lémures,
L'habitèrent et s'y plurent.
La houle du blé limite ce clos,
Cette lice. Les Lutins, à l'orée,
Lient des lianes de laurier,
De lierre luxuriant, de lilas,
Alignent des calices de lavande.
Par lubie, ces êtres de légende

Mêlent à ces effluves-là,
Une larme légère de limon.
Le léopard leste et le lion
Râlent. C'est la lutte, la valse lente
Des ombres. Au loin, le loup se lamente.

L'âme s'élance dans l'éther liquide,
Les eaux limpides du Léthé.
Laissant les Limbes livides,
Elle file, à une licorne liguée,
Au licol lamé. Les anges en légion
Enlacent le luth et la lyre,
Un lama, en lotus, voyant un lampion,
L'évite dans le lacis des étoiles en délire.

Les voiles des âmes volent, les lueurs
De ces lamparos louvoient et leurrent
Les lanternes des astres ; ces lucioles
Valsent et luisent entre les luminaires
Eternels, larguant soucis et babioles,
Sur les feux des lampadaires.

La perle noire

Les yeux d'ébène de la nuit
Scintillent ; l'obscurité éblouit
Et s'éclaire ; c'est l'heure où l'âme
S'immerge dans les ténèbres brillantes
Unissant la lumière à la gamme
Des mélodies célestes immanentes.

Un mandala d'or se déploie
Et dessine un divin dédale ;
Lentement mon âme s'y noie,
Tourne, tâtonne et s'étale,
Talonnant éternellement
Ce centre inaccessible et secret
Ce menu point du néant
Où tout naît, bourgeonne, se crée.
Le centre du Tout se détend,
Lassé, s'illumine et noircit :
Le démiurge façonne et détruit.

CONCLUSION

Bonheur secret

Dans l'âme réside des semences
Source des puissances de l'esprit,
Dons divins alloués à la vie
Ferments de joie dans l'existence.

Pour vivre en vérité,
Protégez ces germes sacrés.

Oubliez le passé, ignorez l'avenir
Témoignez du moment, captivez le présent.
Dieu vous donne sa chance à chaque instant,
Effaçant l'obscur, avivant le désir.

TABLE DES MATIÈRES

Table des matières

Prologue

L'âme lasse   11

Hymnes bachiques

Les Dionysies   15
Eaux de soufre   17
Plaisirs   18
La panthère   19

La Genèse

Genèse   23
Feu   24
Les cieux   25
Soleil neigeux   26
Le vent   27
Les nuages   28
Pluie   29
L'arc-en-ciel   30
La Terre   31
Eaux   32
L'île   33
Mélodies nocturnes   34
Nuit   35

La nuit obscure

La nuit obscure   39
La condition humaine   40
Tristesse   41
Le désert   42
Solitude   43

Silence   44
Solitude et silence   45
Contemplation   46
L'exorciste   47

Une vie simple

Le temps   51
Paysage d'automne   52
Le foyer   53
Bonheur simple   54
Sagesse   55
La fête   56
Le chemin   57
La vie   58

Le domaine des cieux

L'alchimie   61
La synagogue   62
Le Berbère   63
Un Lama   65
L'esprit de la nature   66
Les Météores   67
Les cathédrales   68
Le cloître   69
Au couvent   70
Le papillon divin   71
L'au-delà   72
La perle noire   74

Conclusion

Bonheur secret   77

Table des matières